VÍCTOR MANUEL FERNÁNDEZ

NOVENA DE ADORAÇÃO E LOUVOR

Tradução: Pe. Afonso Paschotte, C.Ss.R
Copidesque: Elizabeth dos Santos Reis
Diagramação: Simone A. Ramos de Godoy
Projeto gráfico e capa: Marco Antônio Santos Reis

Título original: *Novena de amor y alabanza*
© Ediciones Dabar, S.A. de C.V., México, 2002
ISBN 970-652-264-6

ISBN 85-7200-938-8

1ª edição: 2004

5ª reimpressão

Todos os direitos em língua portuguesa
reservados à **EDITORA SANTUÁRIO** — 2014

 Composição, impressão e acabamento:
EDITORA SANTUÁRIO - Rua Padre Claro Monteiro, 342
12570-000 — Aparecida-SP. — Fone: (12) 3104-2000

O louvor tem uma força admirável para tirarmos de nosso interior tão sensível e enfermo. Ele nos ajuda a sermos mais simples para podermos admirar-nos com as coisas de cada dia. Liberta-nos da insatisfação e da necessidade de chamar atenção. Brinda-nos com a fascinante experiência de entrar no mistério de Deus cheio de luz, de calor e de formosura, para que descubramos que há algo maravilhoso em meio à rotina diária.

Cada dia desta novena desejamos adorar a Deus de uma forma distinta e pedir-lhe a graça de poder abrir o coração para amá-lo e para deslumbrar-nos diante de sua cativante beleza.

Primeiro dia

A Deus por sua beleza

1. Sinal da Cruz

2. Invocação

Senhor, invade meu interior com tua divina luz para que possa descobrir que nem tudo são trevas, porque tu existes, formosura infinita. E, embora não te possa ver com os olhos de meu corpo, concede-me que possa descobrir-te em meu coração.

3. Textos bíblicos

"Põe tuas delícias no Senhor e Ele realizará os desejos de teu coração" *(Sl 37,4)*.

"Ó Deus, quão preciosa é tua misericórdia! Os filhos dos homens refugiam-se à sombra de tuas asas, saciam-se da abundância de tua casa e lhes dás de beber das torrentes de tuas delícias" *(Sl 36,8-9)*.

"Bendize, minha alma, ao Senhor! Senhor, meu Deus, como és grande! Tu te revestes de majestade e esplendor!" *(Sl 104,1-2).*

4. Meditação

A formosura de Deus é esplêndida, fascinante, sublime. Nós, porém, estamos tão perdidos nos pensamentos de nossa mente que já não podemos descobrir essa beleza e dela gozar. Temos de pedir a graça de abrir os olhos interiores para podermos desfrutar Deus, seu amor precioso, todas as suas maravilhas. Pode também servir-te de ajuda imaginar algo belo deste mundo, algo que te cativa e te seduz. E então lembra-te que, se há algo belo neste mundo, é porque Deus o criou e colocou nele só um pouquinho de sua infinita beleza. Imagina que Deus é belo assim, mas infinitamente mais, e procura alegrar-te em sua presença.

5. Pai-Nosso e Ave-Maria

6. Oração final

Senhor, meu Deus, maravilhoso, maravilhoso, maravilhoso. Quero te adorar com todo o meu coração pelas tuas inumeráveis maravilhas. Porque só em ti há amor e formosura. Louvo-te e te bendigo, porque todas as criaturas refletem tua beleza, porque tu és um abismo infinito de graça e esplendor. Amém.

Segundo dia

A Deus por sua imensidão, por sua onipresença e transcendência

1. Sinal da Cruz

2. Invocação
Senhor, dá-me a conhecer que estás acima de tudo, que não és limitado como nós, que não tens os limites de tuas criaturas, que tudo superas, tudo abarcas, que estás intimamente presente em cada coisa, mas superas tudo com tua infinita grandeza.

3. Textos bíblicos
"Senhor, nosso soberano, como é grandioso teu nome em toda a terra! O hino a tua majestade, acima dos céus, na boca das crianças e dos pequeninos..." *(Sl 8,2)*.

"Dai ao Senhor, ó filhos de Deus, dai ao Senhor

glória e poder. Dai ao Senhor glória digna de seu nome, prostrai-vos diante do Senhor no esplendor da santidade!" *(Sl 29,1-2)*.

"Bendito seja para sempre seu nome glorioso! Que toda a terra seja repleta de sua glória! Amém! Amém! *(Sl 72,19)*.

4. Meditação

Muitas vezes pensamos que a única coisa que existe são nossos problemas ou nosso pequeno mundo. Por isso é bom pelo menos levantar os olhos e ver o céu imenso ou imaginar uma grande cidade, onde sou apenas uma das tantas pessoas com problemas. Mas preciso sobretudo contemplar a imensidão de Deus, sua glória ilimitada, sua grandeza sem confins, que tudo supera. Contemplando a Deus e adorando-o, descobrimos que, mais além de nossos problemas, vale a pena viver para conhecê-lo, para louvá-lo, buscá-lo.

5. Pai-Nosso e Ave-Maria

6. Oração final

Louvado sejas! Mil vezes louvado! Glória a tua grandeza imensa, a ti que estás em todos os lugares, em todas as coisas. A ti que tudo superas, porque és infinito e estás acima de todo o tempo e espaço, bem além de tudo. Glória e adoração a ti, porque só tu és Deus e a multidão de tuas criaturas te louva. Bendito sejas para sempre! Amém.

Terceiro dia

À adorável Trindade

1. Sinal da Cruz

2. Invocação

Meu Deus, preciso de tua graça para adorar o mistério mais profundo de minha fé, para descobrir, com tua luz, que és uma maravilhosa trindade de pessoas. Concede-me gozar desse mistério de amor e louvar a ti, Pai, Filho e Espírito Santo.

3. Textos bíblicos

"Eleitos segundo a presciência de Deus Pai na santificação do Espírito, para a obediência e aspersão do sangue de Jesus Cristo" *(1Pd 1,2)*.

"Ide, pois, fazei discípulos meus todos os povos, batizando-os em nome do Pai e do Filho e do Espírito Santo" *(Mt 28,19)*.

4. Meditação

Deus é um precioso mistério de amor que nunca chegaremos a compreender. No céu nós o contemplaremos como ele é na realidade e ali transbordaremos de alegria e de admiração. Deus não é um ser isolado, solitário, porque, embora seja um só, é também três pessoas: o Pai, o Filho e o Espírito Santo. O Filho procede do Pai, e deles dois, como um fruto de amor, o Espírito Santo. E os três estão tão unidos que compartilham a mesma divindade e são um só e único Deus.

Será admirável contemplar no céu como compartilham sua vida, como se amam. Será fascinante entrar nesse mundo inesgotável de amor e de vida. Mas, antes de chegar ao céu, nesta vida, podemos também adorá-lo, louvá-lo e gozar de alguma coisa dessa inexplicável maravilha. Porque, se estamos na graça de Deus, já nos introduzimos em sua intimidade, embora não possamos vê-lo com nossa inteligência.

5. Pai-Nosso e Ave-Maria

6. Oração final

Eu te adoro, Trindade Santíssima, Pai, Filho e Espírito Santo. Eu te adoro, mesmo que minha mente não possa alcançar teu mistério de amor. Eu te louvo, bendigo e desejo entrar nesta maravilhosa intimidade de três pessoas. Glória, glória, glória! Toda a adoração de meu coração se eleva a ti. Glória ao Pai, ao Filho e ao Espírito Santo, assim como era no princípio, agora e sempre, por todos os séculos dos séculos. Amém.

Quarto dia

A Deus, meu Pai

1. Sinal da Cruz

2. Invocação
Vem, Espírito Santo. Peço-te que eleves meu coração para adorar a Deus Pai, para descobrir com gratidão que ele é o Pai de Jesus, mas que é também meu Pai. Dá-me a graça de permanecer em seus braços paternos e deixar-me ser amado por ele.

3. Textos bíblicos

"Bendize, ó minha alma, ao Senhor e não esqueças nenhum de seus benefícios! Ele perdoa todas as tuas culpas e cura todas as tuas enfermidades. Ele resgata do fosso tua vida e te coroa de misericórdia e compaixão" *(Sl 103,2-4).*

"Fui eu quem ensinou Efraim a caminhar;

eu o tomei nos braços, mas não reconheceram que eu cuidava deles! Com vínculos humanos eu os atraía, com laços de amor; eu era para eles como quem levanta uma criancinha a seu rosto, eu me inclinava para ele e o alimentava" *(Os 11,3-4).*

4. Meditação

Se não tivemos uma boa imagem paterna, se nosso papai da terra não soube dar-nos carinho ou se guardamos dele más recordações, então também nos custará aceitar a Deus como Pai, tendo medo dele ou demasiado respeito. Se assim é, temos de cada dia pedir a graça de descobrir que seu amor divino é são, é autêntico, precioso, que não há nada melhor que confiar em seus braços cheios de ternura e descansar neles o coração.

5. Pai-Nosso e Ave-Maria

6. Oração final

Eu te adoro, Deus Pai. És o Pai de teu Filho amado, Jesus Cristo. Mas quiseste adotar-me, a mim, tua pequena criatura, para presentear-me com tua vida íntima e fazer-me de fato teu filho. Adoro tua paternidade, adoro esse manancial de vida, essa fonte infinita que és. Adoro teus braços fortes de Pai que podem sustentar-me na dor e no cansaço, esses braços que sempre me esperam para dar-me repouso. Adoro-te com toda a minha alma, meu Pai. Recebe este beijo para expressar meu amor de filho e aceita o canto agradecido de meu coração. Amém.

Quinto dia

A Cristo no Natal

1. Sinal da Cruz

2. Invocação

Vem, Espírito Santo, enche meu coração e minha boca de louvor para adorar com o coro dos anjos a Jesus recém-nascido. Para contemplá-lo com os olhos simples dos pastores. Para oferecer-lhe oferendas de amor como os Magos. Ajuda-me para que possa perceber essa admirável realidade de Deus feito um menino, de um Deus que ama tanto que se faz homem para me salvar com minha pequenez humana.

3. Textos bíblicos

"Vendo (os magos) a estrela, encheram-se de grande alegria. E, entrando em casa, viram o menino com Maria, sua mãe e, caindo por terra, o adoraram. Abriram seus cofres e lhe ofereceram presentes, ouro, incenso e mirra" *(Mt 2,10-11)*.

"Os pastores voltaram glorificando e louvando a Deus por tudo o que tinham visto e ouvido, conforme lhes fora dito" *(Lc 2,20)*.

"(Simeão) tomou o menino em seus braços e louvou a Deus com as palavras: 'Agora, Senhor, já podes deixar ir em paz teu servo, segundo tua palavra, porque meus olhos já viram a salvação" *(Lc 2,28-30)*.

4. Meditação

Louvamos a Deus grande, que tudo supera. Contemplamos sua glória infinita. Ele, porém, quis fazer-se pequeno, simples como uma criança. É encantador permanecer na contemplação do Filho de Deus feito um bebê, nos braços de Maria. Aquele que existe desde toda a eternidade, cheio de poder como Filho único do Pai, Deus que se converteu em um pequeno pedaço de nossa carne, frágil e simples na gruta de Belém.

Como não nos tornarmos simples também nós! Como não deixar de lado nossas queixas para admirá-lo, serenos e admirados como humildes pastores! Como não lhe oferecer nossa vida e dizer-lhe palavras de amor, cobri-lo de beijos, tocar seus cabelos, acariciar suas pequenas mãos! É Deus, mas quis fazer-se nosso. É bom aquietar nossa ansiedade no silêncio da noite de Belém e adorá-lo na calma sublime do presépio.

5. Pai-Nosso e Ave-Maria

6. Oração final

Glória a Deus nas alturas e paz na terra! Eu te adoro e te amo, divino menino, meu pequeno Salvador. Glória e adoração a tua divina simplicidade. Louvor, louvor e bênção. Que todo o universo se detenha a te contemplar. Com razão te louvam todas as criaturas do céu e da terra, meu amado Jesus. Recebe a oferenda de minha vida. Toma todo o meu ser como um presente de amor. Amém.

Sexto dia

A Cristo na cruz

1. Sinal da Cruz

2. Invocação
Senhor Jesus, derrama em meu coração a luz de teu Espírito Santo, para que possa levantar meus olhos e contemplar-te na cruz, amado meu. Enche--me de amor e de assombro, meu Senhor, porque és o importante cravado na cruz pelo amor louco com que me amaste.

3. Texto bíblico
"Era desprezado, era o refugo da humanidade, homem das dores e habituado à enfermidade. Era como pessoa de quem se desvia o rosto, tão desprezível que não fizemos caso dele. No entanto, foi ele que carregou nossas enfermidades, e tomou sobre si nossas dores. E nós o considerávamos como alguém fulminado, castigado por

Deus e humilhado. Mas ele foi traspassado por causa de nossas rebeldias, esmagado do por causa de nossos crimes; caiu sobre ele o castigo que nos salva e suas feridas nos curaram... Maltratado, ele se humilhava e não abria a boca; como cordeiro para o matadouro e como ovelha muda diante dos tosquiadores, não abria a boca... De fato foi exterminado do país dos vivos, por causa da rebeldia de meu povo foi golpeado de morte... Depois dos profundos sofrimentos, ele verá a luz, sentir-se-á satisfeito" *(Is 53,3-8.11)*.

4. Meditação

Muitas vezes sentimos dificuldades em contemplar o Cristo na cruz e meditar sobre sua paixão, ou simplesmente permanecer junto a sua cruz. Isso nos custa, porque temos medo da dor e não podemos aceitar os limites da vida. Sempre há dificuldades, os problemas estão aí, e às vezes nós nos cansamos do sofrimento. Por isso mesmo, o que mais necessitamos é unir nosso sofrimento ao de Cristo na cruz, abraçá-lo, ele que quer aliviar--nos com sua dor. Mas, nesta novena de louvor, o mais importante é parar para contemplá-lo, amá-lo, adorá-lo por seu precioso sangue, por suas chagas benditas, pela imensa ternura que nos demonstrou quando abriu seus braços amantes na cruz.

5. Pai-Nosso e Ave-Maria

6. Oração final

Meu Senhor, quero te louvar com todas as minhas forças, com todo o amor de que sou capaz. Meu coração é pequeno e egoísta, meu Jesus, mas quero prostrar-me diante de ti e te adorar. Porque de tuas mãos feridas brota o sangue redentor, porque teu coração sofrido é como uma porta maravilhosa de onde posso receber os tesouros de teu imenso amor. A ti, toda a glória, porque és o importante! Amém.

Sétimo dia

A Cristo Ressuscitado

1. Sinal da Cruz

2. Invocação

Senhor, peço-te que me concedas descobrir tua glória. Concede-me a graça de te descobrir como ressuscitado, cheio de vida e de poder. Ajuda-me para que, em meio à obscuridade de minha vida, possa ver tua deslumbrante formosura.

3. Textos bíblicos

"Tendo Jesus ressuscitado de manhã no primeiro dia da semana, apareceu primeiro a Maria Madalena... Foi ela que deu a notícia aos que tinham vivido com ele, mas que andavam deprimidos e chorando" *(Mc 16,9-10)*.

"Os confins da terra contemplaram a obra salvífica de nosso Deus. Aclama o Senhor, terra inteira! Prorrompei em jubilosos cantos... Batam palmas os rios, igualmente os montes gritem de alegria" *(Sl 98,3-4.8)*.

4. Meditação

Jesus ressuscitado está pleno de vida, seu ser transborda poder, beleza, glória e quer repartir conosco tanta vida. Por isso, não há nada melhor que contemplá–lo para poder libertar-nos de todos os pensamentos e sentimentos que nos enchem de incertezas, sofrimento e morte. Porque ele está realmente vivo, podemos dialogar com ele, invocá-lo, desejar que reparta conosco um pouco de sua transbordante alegria.

5. Pai-Nosso e Ave-Maria

6. Oração final

Meu Jesus Ressuscitado, eu te adoro e me alegro em tua presença. Como és maravilhoso, vestido de luz e de glória infinita! Quero que meu coração se encha de júbilo para me alegrar contigo, porque o importante é que estás vivo, que triunfaste sobre o mal e venceste a morte. Louvado sejas para sempre. Amém.

Oitavo dia

Ao Espírito Santo, que faz maravilhas

1. Sinal da Cruz

2. Invocação

Espírito Santo, que trabalhas secretamente em nossos corações e com delicadeza nos moves ao amor, ajuda-me a descobrir as coisas belas que realizas nos outros. Ajuda-me a estar mais atento às coisas positivas que realizas nos irmãos, para que não me detenha tanto em lamentar os defeitos alheios, para que não creia que tudo é muito negativo. Abre meus olhos e ilumina-me com tua presença, para que olhe os outros de forma diferente e te louve pelo que fazes a eles.

3. Textos bíblicos

"O Paráclito, o Espírito Santo, que o Pai enviará em meu nome, ele vos ensinará tudo e vos trará à memória quanto vos disse... Quando vier o Espírito da verdade, ele vos ensinará toda a verdade" *(Jo 14,26;16,13)*.

"Todas essas coisas as realiza um e o mesmo Espírito, que distribui a cada um conforme quer" *(1Cor 12,11)*.

4. Meditação

Os seres humanos, com o poder que Deus lhes deu, podem realizar obras deslumbrantes. As maiores maravilhas, porém, quem as realiza é o Espírito Santo nos corações. Poderíamos deter-nos a contemplar a beleza das almas santas, e aí veríamos um reflexo da inimaginável formosura do Espírito Santo. Ele enriquece a Igreja com inúmeros dons e carismas. Ele impulsiona os seres confiados para que realizem obras plenas e admiráveis.

É agradável permanecer contemplando todos os fascinantes prodígios que o Espírito realiza no interior das pessoas e adorá-lo, louvá-lo, reconhecê-lo como amor infinito que se derrama em nós.

5. Pai-Nosso e Ave-Maria

6. Oração final
Espírito Santo, eu te adoro porque descubro algo de ti na beleza que produzes em outras pessoas, nos sacramentos, nas virtudes, nos dons, nos carismas e inspirações que provêm de ti. Adoro-te pelos momentos de amor sincero que me fizeste viver, tocando-me por dentro. Louvado sejas, Espírito sublime! Amor infinito, eu te adoro. Amém.

Nono dia

Eu te adoro na dor

1. Sinal da Cruz

2. Invocação

Meu Deus, que estás acima de tudo, porque infinito, muitas vezes sinto desejo de te adorar, quando estou bem, quando as coisas me vão bem. Em meio a meus problemas e sofrimentos, porém, custa--me sair de minha perturbação para te adorar e louvar tua grandeza. Dá-me a graça de poder reconhecer tua luz em meio à dor, para te louvar com um coração generoso.

3. Textos bíblicos

"Está abatida minha alma dentro de mim. Eis o que revolvo em meu coração e é a razão de minha esperança: devido à misericórdia do Senhor, não fomos consumidos, porque não se esgota sua compaixão: quão grande é tua fidelidade. Meu quinhão é o Senhor – diz minha alma – por isso nele espero. O Senhor é bom para quem nele espera, para a alma que o busca" *(Lm 3,20-25)*.

"Eu sempre hei de esperar, multiplicando teus louvores" *(Sl 71,14)*.

4. Meditação

É fácil aconselhar os outros. Quando, porém, nos chega a dor, nosso coração se fecha e se revolta. No entanto, os corações santos se abrem ao amor de Deus também em meio ao sofrimento, ou abraçam o Cristo Crucificado ou lhe oferecem suas dores como um ato de amor. É possível, em meio à dor, levantar os olhos do coração e contemplar a imensidão de Deus, sua perfeição, seu encanto, seu esplendor e adorá-lo, louvá-lo, glorificá-lo na angústia. Quando alguém consegue fazer isso, a angústia se torna menos forte, a tristeza se enfraquece, a dor se faz mais leve. E ele merece que o adoremos em todas as situações da vida, também nas dificuldades.

5. Pai-Nosso e Ave-Maria

6. Oração final
Senhor, tu mereces tudo, porque tudo devo a ti, porque sou obra de tuas mãos. Sou uma pequena criatura e tu és Deus. Por isso quero louvar-te ainda que tenha sofrimentos, preocupações e angústias, e quero oferecer-te todos os momentos difíceis e dolorosos de minha vida. Eu te adoro, te louvo. Bendito sejas! Tua é a glória, a honra e a adoração, para todo o sempre. Amém.

Índice

Primeiro dia
A Deus por sua beleza 4

Segundo dia
A Deus por sua imensidão,
por sua onipresença e transcendência 7

Terceiro dia
À adorável Trindade 10

Quarto dia
A Deus, meu Pai 13

Quinto dia
A Cristo no Natal 16

Sexto dia
A Cristo na cruz 19

Sétimo dia
A Cristo Ressuscitado 22

Oitavo dia
O Espírito Santo, que faz maravilhas 24

Nono dia
Eu te adoro na dor 27